POEMAS Y CARTAS DE AMOR

Mario Raúl del Castillo González

Mario Raúl del Castillo González

Poemas
y cartas de amor

bubok
EDITORIAL

© Mario Raúl del Castillo González
© Poemas y cartas de amor

Septiembre 2024

ISBN papel: 978-84-685-8368-6
ISBN ePub: 978-84-685-8372-3

Depósito legal: M-20956-2024

Editado por Bubok Publishing S.L.
equipo@bubok.com
Tel: 912904490
Paseo de las Delicias, 23
28045 Madrid

Índice

DEDICATORIA

Se lo dedico a cada una de esas personas que me hacen ver el azul en mis días grises, y me dan un abrazo cuando más lo necesito.

En definitiva, a quien aporta algo positivo en mi vida, y me hace ver que también aporto algo en las suyas, en especial a mis Hijas y a mi Persona Especial.

PRÓLOGO

Una mesa camilla, una corta visita, un teléfono colgado en la pared
y un olor especial a humildad y cariño; su boina y un rabillo con una
atracción especial. Yo apenas tenía seis años y no le podre olvidar jamás.
Hombre de campo, sencillo, con las manos cortadas y la piel quemada
por el sol.
Abuelo: ¿Cuántos años tienes? me miraba con cariño y colocando
las manos con los dedos separados, yo iba sumando de diez en diez;
hasta llegar a 65
Apenas le vi dos veranos y aun le recuerdo trillar en la era.
De él se, lo que mi madre y mi abuela me contaban, pero fue
lo suficiente para saber; que en la vida existe gente noble y trabajadora;
que se puede elegir a pesar del sacrificio que conlleve el ser honrado.
Esto me llevó a poner su nombre como seudónimo a mis poemas.

DEL AMANECER AL OCASO

El día se está muriendo y nace la noche fría.
Qué bonita está la luna, aún con viruela nacida.
El sol la está iluminando, y se la ve tan dormida,
que cuando abre los ojos, a los sueños les da vida.
Pasa en vela la luna, al ver que el sol se moría
y entre rezos y llantos una lágrima caía.
La lagrima mojo la tierra y a la tierra le dio vida
el sol al ver el milagro, que en milagros no creía,
sintió calor en su pecho, que la vida le volvía.
Ya se esconde la luna blanca, entre saltos de alegría,
aquel que la iluminaba, ya no muere ya es de día.
Los planetas se alinearon para darle compañía,
van girando y girando, en orbitas de alegría.
La vida tiene sus ciclos, con milagros cada día.
Si no existiera la muerte; no existiría la vida.

UNA VIDA MÁS

Soy hoja seca, bajo el árbol de la vida,
derrotada por los vientos.
Hoja consumida, que verde fuera un día.
He visto pasar miles de seres
y descansar agotados bajo su sombra,
las almas doloridas.
Una hoja más,
de las que una rama pariera.
nací en esa como pudo ser
en otra cualquiera.
El sol que me hizo crecer me secará
y la lluvia que me alimento,
me pudrirá en otoño.
Hojas del mismo brazo,
de los muchos que tuviera.
Ningún miembro igual,
ni hoja con la misma hebra
Fui joven verde y altanera,
que nunca pensó que la lluvia
y el sol, con el paso de los años
me secaran y pudrieran.
Pero la vida no para, y otra primavera
seré rama, fruto; con la savia nueva.

ME DEJASTE

Me dejaste, como se dejan las almas doloridas, para no oír su llanto.
Me dejaste, como se dejan las hojas ya caídas, pudriéndose en el barro
y te fuiste sin mirar hacia el pasado.

Me dejaste, como se dejan las lágrimas agotadas y el llanto ya sin penas.
Me dejaste tiempo ya pasado y me dejas con la piel seca y los sueños agotados.
Y te fuiste, borrando toda huella, todo rastro.

Me dejaste, buscando el aire puro, el gesto amable y la caricia de otras manos.
Me dejaste, con el verbo entre los labios, que te hirieron tanto daño
y te fuiste sin mirar hacia el pasado.

Me dejaste, con la rabia de perderte, mirando al horizonte
Me dejaste, y caminas con la ropa y la piel rasgada, de tanto desengaño
Y te vas, donde habita el verso de otros labios

Y no queda, ni un halo de esperanza, de volverte a ver.

ALZHEIMER

Maldita pesadilla, maldito sueño,
donde vagan ideas y pensamientos
una ciénaga oscura les va comiendo,
recuerdos, conciencia de lo que fueron.
Todos saben quién eres, aun ya no siendo
te cogen la mano, aun no sintiendo,
son personas sin rostro,
te quieren y sufren tu desencuentro.
Gritos mudos al aire mirando al cielo
que pronuncian tu nombre, aun no teniendo
vivimos cargados de tus recuerdos
esperando que un día, puedas cogerlos
y llevarlos contigo junto a los nuestros.
Un rostro que mirando al vacío
vaga sin rumbo, sin pensamientos,
gestos de cariño, que quedaron hundidos
aquel invierno.
Maldita pesadilla, maldito sueño,
donde vagan ideas y pensamientos
una ciénaga oscura les va comiendo,
recuerdos, conciencia de lo que fueron.

AMIGO

Ahora que no veo amigo, esta todo más claro.
Ahora que no oigo amigo, empiezo a entenderlo todo.
Ahora que estas a mi lado, que siento tu mano;
ahora amigo, entiendo todo.
Ahora que vienes a verme y me escuchas,
recuerdo de aquellos que estaban tan ocupados,
Ahora que te tengo amigo, quiero que sepas,
que siempre vi en ti lo que solo se ve con el alma.
Ahora que tocas mi cuello y acaricias mi cara,
oigo hablar a tu alma clara, sin halagos
de necios que están en sus casas.
Ahora que te siento amigo, sé que tú sabes,
que hoy estas aquí y estaría yo, si te hiciera falta.
perdemos los sentidos del cuerpo y no le damos
importancia, a la atrofia del alma.
Ahora que te siento amigo, quiero decir:
Mil Gracias.

TERRORISMO

Vagare por las calles, con cristales rotos,
la maleta en la puerta, de un hombre sin rostro.
Un reguero de sangre, por culpa de un loco
Las voces alegres de niños con mocos,
mudaron en silencio, cambiaron su rostro.
Os segaron los sueños, aquella mañana.
Ella corre asustada hacia la terraza,
las manos pegadas sobre la ventana,
su cara desencajada, los ojos abiertos
y el alma rasgada.
Se oye el llanto de un niño, le quitaron la calma
le robaron al padre, al que tanto admiraba.
Un demente decide, lo que nadie esperaba.
No se está preparado a luchar contra ratas,
que exigen derechos y te dejan sin nada.

Son ratas con corbata y medallas de guerra,
que su mente inventara; o quizás marionetas
de las siglas de un loco, que habla de libertad;
mientras a ti te la cuarta.

T.O.C.

Quiero gritar, hasta que mi garganta se desgarre.
Quiero llorar, hasta quedarme seco
Quiero decirle al mundo, que no quiero vivir.
Que mi cabeza pare, de tener
los mismos pensamientos
una y mil veces.
Quiero entender que me pasa
Quiero tener una vida normal.
Quiero una enfermedad,
que todo el mundo comprenda,
No me rompí una pierna,
pero tengo el alma destrozada,
la cabeza agotada.
Quiero salir a andar, sin pensar en más.
Es vivir, sufrir cada día.
La gente se ríe, de las enfermedades mentales.
La ignorancia, hace más daño, que las puñaladas.
Antes de reírte, de la gente con problemas.
Párate a pensar, lo imbécil que eres.
Yo no puedo evitar mis pensamientos.
Pero tú si podrías, ser menos imbécil.

SOLEDAD

Soledad, enemigo mortal,
que te quita la vida,
que te hace elegir sin medida.
Soledad, que no entiende de paciencia,
que busca compañía
y deja a un lado los principios,
que busca la salida rápida,
y no la adecuada.
Soledad, flecha envenenada,
que no puedes sacar.
Soledad, mi compañera,
cuántos momentos te quise;
y cuántos te odio.

SOBRE TU HOMBRO

Déjame reposar mi cabeza sobre tu hombro,
cerrar los ojos y sentir la paz por un momento.
Déjame ser un niño por un instante
y teñir con mi alma tu cuerpo.

Déjame tu hombro,
y oiré las olas del mar;
en una barca sin remos

Déjame, simplemente déjame
y se teñirá mi universo de negro,
se abrirá el suelo bajo mis pies
y se desgarra el velo del cielo.

Por qué te he querido
y siempre te quiero.

POLVO DE HADAS

Alguien se enriquece con la ruina humana
llantos de una Madre desesperada,
coches de lujo joyas muy caras,
familias rotas, mierda en las venas,
vidas quebradas.
Lacras de un mundo que no se apiada,
de ver morir vidas humanas.
Era aún un niño y ya robaba,
piensa que compra, polvo de Hadas.
Siente que vuela, todo se acaba,
madres que lloran,
miran al cielo desesperadas.
Ese futuro en que pensabas,
para ese hijo al que criabas,
te lo robaron, le regalaron;
polvo de hadas.
Ahora lo venden ya no regalan.
Un laberinto muy bien pensado,
ya no hay salida, solo una vida;
de un desgraciado.
Madres que esperan, en la salida,
solo retiran almas sin vida, de aquellos hijos;
que ya no valen para el mercado.

ME QUEDO PARADO

Me quedo parado, mientras te miro y te miro,
te meto en mi mundo, y tu mundo no es el mío.
Cuando te miro a los ojos, todo lo que yo imagino,
sé que tú no tienes culpa; sé todo lo que has vivido
y las cosas si no surgen, siempre hay otro camino.

Pero cuando estamos juntos, soy feliz, estoy contigo
y si me aparto de tu lado, en mi mundo estoy perdido.
Eres feliz por qué existo, y yo feliz contigo,
que importa, si una hora, y si luego tú te has ido,
aún que estemos separados, nos sentimos muy unidos.

Mi mente le ha hablado, a mi corazón perdido,
que las cosas no se fuerzan, cuando estás no han fluido,
pues más vale un abrazo, cuando se hace con cariño,
eres feliz porque existo y yo feliz contigo.

Pienso que vale la pena, sentir tu cariño.
Ahora empiezo a comprender, todo tiene su sentido.
y prefiero de la mano, pero siempre muy unidos,
que apartarte de mi vida, pues la vida que he vivido,
no la cambiaria jamás; por los momentos contigo.
Yo te quiero en mi universo, aún en planetas distintos.

CÓMO NO TE VOY A QUERER

Cómo no te voy a querer, me llenas de luz con tu sonrisa,
me vuelves al mundo de la cordura, cuando te enfadas
Eres el equilibrio de mi alma, por qué siempre eres clara.
Cómo no te voy a querer, en un día nublado, me haces ver el sol al otro lado.
Si un volcán no se tapa con una piedra, las nubes no se van, con un soplo,
no se puede sacar toda el agua del mar, con una cuchara,
tampoco se puede llenar el vacío que dejas, por qué nadie lo llena como tú.
Si te quiero tanto, que, con una mirada y un abrazo, llenas mi alma.
Si no entiendes de rencor y sabes perdonar, eres oro;
en este mundo de chatarra humana.
Cómo no te voy a querer, si no quiero otro mundo,
en el que no esté mi Hada.
Admiro tu fuerza de voluntad, tu lucha diaria,
la manera en que acaricias mi brazo, el calor de tus manos,
esa niña que aún tienes dentro y esa mujer
que ríe por fuera; aún que sufra por dentro.
Bailas como si nadie te mirase, por qué eres transparente
como el agua.
Cómo no te voy a querer, si eres mujer y niña a la vez.
Te buscaba en mis sueños y te encontré, no me despiertes;
eres el mejor sueño, que nunca he soñado.
Cómo no te voy a querer, te cuento cosas que, a nadie,
había contado, por qué sé que contigo; mis secretos están bien guardados.
Como no te voy a querer, con todo lo que me has dado.

LA ESENCIA DE LAS COSAS

Cuando faltan las palabras, la música habla,
cuando cesa la música, hablan las miradas
y cuando no te veo; en las nubes veo tu cara
y cuando cierro los ojos te sueño
y cuando despierto y no estás;
no hay palabras, ni música, ni nubes
y me falta el aire y me abrazó a la almohada
y huelo tu alma que impregnó mis labios
cuando te besaba.

LLUVIA

Llueve y la tierra huele a ti,
a tu piel y a tu pelo.
Llueve y siento el aire fresco en la cara,
como siento la frescura de tu mirada.

Llueve y las gotas de lluvia, corren por mi cara
y siento el roce de la tuya
y cierro los ojos y siento la paz
y la calma, que me produce tu mirada.

Llueve, sale el sol
y en el arco iris veo tu alma,
que no tiene grises,
por qué son los colores de tu mirada.

Llueve y escribo en el cielo;
Silvia siempre te he querido
y siempre te quiero.

MI AMOR

Quiero gritar mi amor al   mundo entero,
que hasta las estrellas brillen de celos.
Al oído te susurrare con el corazón abierto,
palabras de amor eterno.
Quiero con mis manos construirte un universo,
donde te sientas segura de lo que siento,
un refugio donde el daño no tenga acceso.
Tu coraza será mi amor y tu espada,
será forjada con el fuego de mi respeto.
Construiré día a día, fuertes cimientos,
a base de palabras y hechos.
En una estación del tren llena de sueños,
cogí un billete de ida, a la mujer que quiero.
Un billete sin retorno, para quedarme a vivir,
en la ciudad de tus besos.
En una estación del tren llena de sueños,
cogí un billete de ida, a la mujer que quiero.
Un billete sin retorno, para quedarme a vivir,
en la ciudad de tus besos.

AMOR CIEGO

Me hablas de amor y tu boca se llena de versos.
Me hablas de amor y de tus labios yo bebo.
Me hablas de amor y tu amor es veneno.
Me hablas mi amor y siento que vuelo.

Pero o amor ciego, funambulista sin red,
amor sin miedo, cuando empiece a caer,
hacia tu infierno, con la venda que cubría mis ojos,
te harás un velo y el ángel, que ahora es demonio,
buscará otra alma, para su infierno.

Me vendiste espuma de mar, en un desierto
y me puse a nadar sin tener miedo y la arena
que empieza a quemar, cubre mi cuerpo.
O amor, ciego, que dulce sabor tiene el veneno.

SOBRE TU PECHO

Jamás mi corazón sintió tanta alegría,
como al oír los latidos de tu corazón
Es lo más hermoso que he podido escuchar.
Te quiero de verdad, tanto que, si le faltara sangre,
vacíen mis venas, para que siga sonando,
aunque el mío enmudezca.
Que la playa sin mar solo es arena.
Y mi vida sin ti, un barco sin velas
No me faltes amor, hasta que muera.

CUATRO ESTACIONES CONTIGO

Un otoño en una estación de metro, una terraza y una canción de Alex Ubago.
Unas miradas, buscando en las pupilas de nuestros ojos, esa ilusión aun viva.
Un invierno, una navidad esperada, mujer dormida en mi regazo y muchos
momentos por vivir.
Tulipanes amarillos, la felicidad en tu rostro y la humildad de tu alma.
Una primavera, la más hermosa mujer y la imagen grabada en mis ojos,
de una niña mujer balanceándose en un columpio o tu silueta sobre un muro
y un poema de amor.
Un puente hacia tu corazón, el correr del agua del rio
y el sonido de los pájaros y el calor de tu mano cogiendo la mía.
Una canción de Scorpions y nuestros cuerpos fundidos en un abrazo.
Un verano por vivir y muchos proyectos junto a ti, me das la vida,
no sé qué pasara mañana, pero sé que lo que he vivido;
no lo cambiaria por nada.

DECLARACIÓN DE AMOR

Tu mirada cuando estas frente a mí, el mejor poema
Tus caricias cuando estamos juntos, la mejor terapia.
Tenerte entre mis brazos y sentir que estas feliz,
es la más hermosa canción de amor.
Sentir que tengo todo lo que he soñado
y que me has trasladado a mi juventud,
es la magia de tu corazón y el sentimiento
de que nada he perdido cono los años,
sino más bien; que han tenido que pasar todos
estos años, para tener lo que ahora tengo….
la mujer más maravillosa del mundo.
Esto no es un poema, es la más sincera declaración de amor.

QUIERO ESCRIBIR

Quiero escribir con mi sangre, las más hermosas palabras de amor
y cuando no quede ni una sola gota, entregarte mi corazón.
Un corazón que daría la vida por ti, sin pedir nada a cambio,
solo saber que eres feliz.
A veces el amor es difícil, es lucha, es sufrimiento;
pero vivir sin amar, es morir sin sentir: el calor de tu cuerpo,
el sabor de tus labios el tacto de tu pecho,
tu cabeza sobre mi hombro, el sonido de tus palabras,
la luna iluminando tu rostro.
Yo siento que la vida sin ti no sería vida; sería un infierno,
Antes de conocerte, vagaba sin rumbo, sin sentimientos;
ahora que te conozco, sé que buscaba lo que ahora siento.

ELEGIR

Si me dieran a elegir entre una de mis hijas,
para salvarla la vida, que se llevaran la mía.
Si tuviera que elegir entre tu vida o la mía,
miraría al cielo y diría: ¿Dios, qué diferencia hay?
Si yo muero, pierdo la vida, si ella muere; ella es mi vida.

A TU LADO

Ahora toca estar callados,
mi mirada en tus ojos,
sentir tu mano en mi pecho,
y mi rostro acariciado.
Ahora toca estar callados,
ya nos hemos dicho todo,
cojámonos de la mano
y caminemos un poco.
El camino tiene piedras,
los recuerdos el pasado,
juntos ya las quitamos.
Nunca volvamos el rostro,
cuando el pasado de canse,
de contemplar nuestro gozo,
el fututo vendrá a vernos,
lo hemos llamado nosotros.

PAZ

A veces siento, que el mundo se para
y mi corazón deja de latir,
pero yo sigo y mi mente está tranquila.
No siento dolor, ni pena ni rabia,
no siento nada, solo veo tu imagen,
los momentos vividos a tu lado
y miro al cielo, hablo con Dios
y le digo: ya puedo irme contigo,
todo lo que he soñado,
con ella lo he vivido, y me voy feliz,
porque el mando un ángel a mi lado.
ahora siento que mi vida, ha tenido sentido,
Te busqué en mil vidas distintas y al fin te encontré.
No quiero más vidas, en las que no estes.

AMOR Y LIBERTAD

Si el amor es respeto y perderte no quiero,
en tu libertad esta mi amor y en tu felicidad mi esfuerzo.
No quiero ponerte cuerdas, que otros ya te pusieron,
sería otro tirano y ese, no es mi deseo.
Secare tus lágrimas, te abrazaré,
cuando la vida te haga sentir débil, te levantaré,
cuando caigas al suelo; agárrame fuerte
y levantemos el vuelo.
Las fuerzas que a mí me faltan, para ti siempre las tengo.
Te querré toda mi vida y te daré mi respeto,
por qué me has dado mi niña, la ilusión que a veces perdemos
Amar no es querer a alguien junto a ti,
es dejar libre a quien amas, cuando su libertad es su felicidad.
Oír a un pájaro en una jaula, no es amor es egoísmo,
verle volar libre, es la mayor demostración de amor,
si realmente te quiere, vendrá a tu ventana y cantará libre.

PÁGINA A PÁGINA TU ALMA

Quiero escribir un libro con las páginas blancas, donde no haya
recuerdos de vidas pasadas. Quiero escribir con el corazón,
lo que hay en mi alma, que se llenó de versos con tus miradas.
Una tarde en el parque, o aquella muralla y mi niña entre letras de Ávila.
Paseo por ciudades, para mi encantadas, por la magia que siento,
con tu mano agarrada. Una noche, un musical o una cafetería, qué más da
y tu cuerpo desnudo, mientras duermes miraba.
Ella está a mi lado, no despiertes su calma, al sentir tu descanso,
mi mente sosegada, vigila tu sueño y siento la calma,
me tus siento importante, sueños guardaba.
Te despiertas, te estiras y te beso en la cara
y te voy dando tiempo, para que despertaras.
Unas velas rojas, que iluminan tu cara,
y me quedo mirando y no encuentro palabras.
Bailas, te miro, me agarras y bailo a tu lado, una danza inventada,
rodeo tu cintura y me tiemblan las manos, como quien coge, a un bebe,
con su piel delicada, o quien coge la más bella flor,
apenas sin fuerza, para no dañarla.
Son las primeras páginas de un libro, que tiene mil palabras.

JUNTO A TI

Trepando hacia tus labios, pase haciendo un viaje, por tu vientre,
descansé en tu corazón y visité tu alma.
Quiero, que me acompañes y llenar nuestras vidas,
de bonitos recuerdos, paisajes, miradas,
sensaciones, caricias y magia.

Quiero ser tus muletas, cuando las fuerzas te fallan,
que te apoyes en ellas, soportar el peso de tus penas
y compartir tu carga.
Las fuerzas que en mi haya, te las doy,
porque las tuyas, en mi las tienes gastadas.

Yo te encontré y me das sin pedir nada,
quiero darte mi ser, alegrías y esperanza.
Abrí mi pecho en canal, para que tu entraras
y encontraras cobijo, donde
refugiar tu alma.

LA LLAVE MAESTRA

Una escalera hacia el cielo, donde se encuentra tu alma,
una puerta con tres llaves, tus experiencias pasadas;
la llave de la impotencia, del dolor y de la rabia,
la llave del desengaño, la traición, la desconfianza
y la tercera de ellas, la de sentirte ignorada,
utilizada, devaluada.
Al final de la escalera me senté y la miraba,

tengo una llave maestra; en mi coraza guardada.
Antes de conocerte; hacía tiempo te buscaba.
Ten paciencia vida mía, las llaves que, en otro tiempo,
te dejaron encerrada, con la libertad, el respeto
y la templanza, abrirán de nuevo; tu libertad coartada.

No hay puerta que no se abra, si quien te respeta y te ama,
tiene esa llave maestra que se forjó;
con respeto, amor, paciencia y constancia.

EL TREN DE LA VIDA

Este sentimiento de temor,
este pensamiento tan raro,
sentir que estás a mi lado,
y a la vez tan lejos, amor.

A mi lado corazón, tan a mi lado
y tan inalcanzable a la vez,
un pensamiento fugaz,
te sitúa en otro estado,
junto a alguien mejor.

Quizás en otro momento,
en otro tiempo diría,
te sentiría más cercana,
llegue tarde a tu vida,
ahora estás en otro anden,
yo tumbado en la vía;
esperando, que tú tren,
regrese algún día.

EL NACIMIENTO DE SATÁN

Sucederán cosas terribles, que destruirán mi corazón,
mi alma y mi cuerpo y a partir de entonces,
surgirá una bestia, que no tendrá corazón,
ni piedad, ni miedo.
Solo la mentira y el odio habitarán en su reino,
destruyendo a su paso, todo lo que sea puro,
limpio y ya nada será eterno.
Un mundo de hienas, buitres y cuervos,
que se llevaran a su paso, las almas hasta el infierno.
Solo la maldad del hombre puede crear tal engendró,
cuando me humillasteis tanto; creasteis mi propio veneno.
Dios se apiade de vosotros, ahora os arrastrare a mi infierno.

ÁNGEL

La vida, te dice una y otra vez, que la cosas no pasan cuando las temes,
pasan cuando llega el momento, que quien te quiere,
no se va por qué tu dudes, se va por qué es su momento
que quien llega, no llega por qué lo pidas,
llega por qué lo siente; que pasamos la vida esperando ese ángel
y a veces cuando llega, no lo sabemos apreciar
y lo perdemos, por qué no supimos valorarlo.
Agarra fuerte a quien llega, mientras está a tu lado y suelta,
cuando llegue su momento de irse, disfruta mientras está,
respétalo y confía en él, por qué la desconfianza destruye,
muchas relaciones.
Si está a tu lado es por qué quiere, si está con otro,
no te buscará, no estará contigo.
Vivimos llenos de miedos, que no nos dejan vivir el momento
y la vida se pasa y no vuelve.
Da todo sin miedo a nada y no esperes nada, porque,
quién espera demasiado, todo le parece poco.
Gracias, mi Ángel por estar en mi vida, ten paciencia conmigo,
por qué te lo daré todo, pero a veces no se valorar,
la suerte que tengo; habiéndote encontrado.

TÚ ERES POESÍA

El mejor poema de amor,
no lo he escrito yo.
El mejor poema de amor,
lo escribiste tú,
el día que te conocí.

El mejor poema de amor,
lo escribieron, tus ojos,
tu mirada, la sonrisa de tus labios.

Los más hermosos versos,
estaban ya, en tu corazón,
en tu sinceridad, en tu fortaleza,
en tu respeto por todo
y todos los que te rodean,
en la seriedad en el trabajo
y lo responsable que eres.

Yo soy un humilde poeta,
tú eres POESÍA.
El mejor poema de amor; se llama…SVETLANA PETRENKO.

AMARTE ES UN LUJO QUE ME QUIERO PERMITIR

Me matas y me resucitas,
siento que se me va la vida,
cuando siento que te pierdo,
paso de loco a cuerdo
y loco me vuelvo otra vez.
Quiero entender, que nos pasa,
será la vida pasada,
que nos trae tantos recuerdos,
tantos miedos, tantos sueños,
que nos hicieron llorar,
tenemos miedo a soñar,
por si otra realidad,
se lleva esta alegría,
que sentimos vida mía,
cuando estamos en paz,
yo agarrando tu mano
y tu agarrando la mía.
Y si un día te pierdo,
habré muerto sufriendo,
pero si viví sintiendo,
lo que nunca sentí,
habrá merecido la pena, vivir
y sufrir amando, amando como te amo a ti.

ALMA LIBRE

Cuando la vida, te rodeo de demonios,
cuando todo te parecía un infierno,
volviste a empezar de nuevo
y aparecieron más demonios,
con cara de ángeles, con traje y dinero.

Dejaste esa vida y vuelta a empezar de nuevo,
ya no más demonios, tu baile es el vuelo,
de un alma libre que surca los cielos.

Ahora llegue yo, con cara de nada,
sin traje, sin dinero; pero el corazón lleno de respeto,
las manos para protegerte y mis brazos, para darte consuelo;
en tus días nublados y surcar los cielos.

Siempre fuiste un Ángel,
ya no hay más infiernos,
quiero que vivamos, en el mismo cielo,
yo me rompo el pecho, por darte mi aliento,
por verte reír, que cuando agarras mi brazo
y siento tu pecho, mi niña me eleva; hasta el mismo cielo.

ALGO MÁS FUERTE QUE EL AMOR

Tres semanas para pensar, para meditar, pera recordarte.

Tres semanas para darme cuenta, de lo mucho que me quieres y de lo importante que soy en tu vida, para darme cuenta, que he estado muchas veces a punto de perderte, por no entender, que me quieres sin necesidad de escribir siempre, que bailar y salir a tomar algo sin mí, no significa que me estás olvidando, que se puede querer con la fuerza que tú me quieres, sin estar diciéndomelo a cada rato.

La gente se pierde entre palabras, vacías de sentimientos y tú me demuestras con detalles, con gestos, con miradas, lo que es sincero.

Ahora que estarás lejos, te quiero aún más todavía, si es que se puede querer aún más; de lo que ya te quiero.

Hoy volveré a recordar, lo que es rezar cada noche, mirar al cielo y decir: Mi Dios, que todo esté bien, que nada la pasé y si algo tiene que pasar, te ofrezco mi alma mi cuerpo y protege a quien me está leyendo, porque ella es mi vida, mi corazón,

mi alegría de vivir; cuídala por qué ella es, lo que más quiero y no hay nada en este mundo más hermoso, que mi Sveta.

NADA ES ETERNO

La vida es muy corta y la pasamos corriendo,
se nos pasan los días que parecían eternos,
la vida se convierte en un cajón de recuerdos,
de errores, aciertos, pesadillas y sueños
nos va pesando, como pesan los miedos,
que no tienen forma, que no puedes verlos,
pero te persiguen, como la sombra hasta tu lecho.
El tiempo pasado, el tiempo incierto
y la vida sigue y nos vemos vacíos, o nos vemos llenos,
Queremos vivir, con quién fue recuerdo
y nada es igual, ni nosotros; ni ellos
la vida sigue aún que ya no estemos.

DE NIÑA A MUJER

Cuando te veo, echa toda una mujer,
bonita por fuera e inmensa por dentro,
me lleno de orgullo y crezco,
se me humedecen los ojos
y rezo, doy gracias a Dios
por este ángel nuevo, que vino del cielo;
hace veintiséis años " blanca como mármol,
hermosa como un rubí".
Veintiséis años y fue ayer, de niña a mujer
y mujer aún niña; mi niña.
Yo te enseñe valores y ahora eres tú, la que me da consejos,
tú eres mujer y yo viejo. Eres mi pepito grillo, mi conciencia y mi freno
en esos días locos que no se, si voy o vengo, eres claridad, en una noche oscura,
el faro en el puerto, la luz que me guía para no chocar con el arrecife,
me calma, y veo la vida con un prisma nuevo.
Gracias mi niña:
TE QUIERO COMO SOLO SE PUEDE QUERER
A UN REGALO QUE VIENE DEL CIELO.

DUERMES

Ahora que duermes, ahora que sueñas,
miro en silencio, tu rostro, mi nena
beso tus ojos, tus labios, acaricio tu cara
y subo hasta el cielo y hablo con Dios:
Mírala, Señor, que mujer más bella,
cuídala por siempre; es tu obra maestra,
a mí me la entregaste, cansada y con penas,
a este hombre humilde, tan sólo con verla,
dije: Yo la cuido, por qué en esta tierra,
jamás habrá hombre, que sienta en mil vidas,
lo que yo siento por ella.
Me diste un tesoro, no somos pareja,
ella no es de nadie, tan solo es de ella,
jamás fue de nadie y el que así lo sintiera,
nunca fue un hombre, que la mereciera.
Mírala, Señor, que alma más bella,
que nadie la dañe, que solo la quieran,
sí estando a su lado, alguien la hiriera,
le rompo hasta el alma,
aún que en esa mi vida perdiera.
Ya no tengo vida, mi vida es de ella.
Cuida mi Señor a esta alma tan bella
y si no la merezco, apártame de ella,
que vuele tan libre, que vuele tan alto
...mi Águila Sveta.

MI MADRE ME ENSEÑÓ

Mi Madre me enseñó, a rezar y hablar con Dios,
y cada noche yo rezo así: Gracias Dios,
a la madre de Silvia, por haberla traído al mundo,
por haberla hecho una mujer fuerte y decidida,
gracias por la paciencia que tiene conmigo,
qué no es rencorosa, porque tiene el don del perdón.
Y si te puedo pedir un deseo, yo que tantas veces,
te he fallado, tu cuida de su familia y de ella,
que se acabe la guerra, que, si no soy bueno para ella,
que encuentre quien la merezca y yo te entrego mi vida entera.
Creo Dios que era un deseo y pedí tres,
pensé que el cielo, estaba de oferta.
Ya sabes, siempre fui un poco golfo,
no te pases con los celos, que se te fue la mano
y me has dado doble dosis.
Tengo tanto miedo de perderla y la amo tanto,
que se me fue de las manos tanto sentimiento.
Ah, ya lo último: Dile al Ángel de la Guarda,
que la proteja bien, que ya le daré una propina.
Posdata: (esto es entre tú y yo; nada a mi Svetlana)

UN SUEÑO MÁS

Anoche soñé que soñaba,
Y un ángel bajaba del cielo
tocaba mi frente mojada,
sudaba subiendo hasta el cielo
por verte de cerca y bajaste,
al verme volar a tu encuentro;
pensando que estabas herida,
sentía el dolor en mi pecho
al verte sufrir vida mía
tome ese dolor como nuestro
si algo te duele yo sufro
y corro volando a tu encuentro
estés en una montaña
o al fondo del mar más inmenso.
Me fundó contigo en mis sueños
y somos un mismo cuerpo
te hago el amor en silencio
y siento que me desvanezco

IMAGINA

Imagina un puente de cristal
que uniera tu alma con la mía
Imagínalo vida mía.
Imagínate mi corazón en tu pecho
latiendo junto al tuyo cada día.
Imagino ser niño en tu regazo
y sentir en tu pecho,
el sonido de un tambor acelerado
que me hace sentir, que soy amado.
Imagino un jardín lleno de flores
en el centro la más bella se marchitaba,
un humilde jardinero la regaba
y volvía el color a sus mejillas.
Imagina que camino a tu lado
y me quedo para siempre en tu vida.
Si un día me voy, construiré un puente
y me puedas visitar en esas noches,
que te sientas sola y perdida.

SOÑARTE ES MI VIDA

Te he soñado tantas veces, hecho el amor en silencio,
y al despertar ya mojado, supe que todo era un sueño.
Te he llevado de la mano, a los paisajes más bellos,
cogido en mis en brazos y volado hacia el cielo.
Recorrimos mil planetas, explorando el universo
se me abrieron los ojos vi que todo era un sueño.
Si solo, te tengo soñando, Pensaré, estar despierto
es un sueño, del que despierto durmiendo
y la vida de verdad, está a tu lado en mis sueños.
Y si al morir, ya no sueño no dejaré de soñar,
hasta mi último aliento.

MI ÁNGEL

¿Señor, quién es ella? ¿Y tú quién crees que es?
No lo sé Señor, un ángel cuando estoy con ella
    y un demonio, cuanto no está a mi lado,
el frío, el calor, la noche y el día, fácil y difícil.
    Entonces Mario, ella es tu vida; cuídala.
    El frío, la noche, el diablo, Fácil y difícil;
todo eso, son tus miedos, lucha contra ellos.
    Porque ella es lo bueno en ti, lo malo;
    solo está en tu mente en tu imaginación.